BEI GRIN MACHT SICH IHR WISSEN BEZAHLT

- Wir veröffentlichen Ihre Hausarbeit, Bachelor- und Masterarbeit

- Ihr eigenes eBook und Buch - weltweit in allen wichtigen Shops

- Verdienen Sie an jedem Verkauf

Jetzt bei www.GRIN.com hochladen und kostenlos publizieren

Bibliografische Information der Deutschen Nationalbibliothek:

Die Deutsche Bibliothek verzeichnet diese Publikation in der Deutschen Nationalbibliografie; detaillierte bibliografische Daten sind im Internet über http://dnb.d-nb.de/ abrufbar.

Dieses Werk sowie alle darin enthaltenen einzelnen Beiträge und Abbildungen sind urheberrechtlich geschützt. Jede Verwertung, die nicht ausdrücklich vom Urheberrechtsschutz zugelassen ist, bedarf der vorherigen Zustimmung des Verlages. Das gilt insbesondere für Vervielfältigungen, Bearbeitungen, Übersetzungen, Mikroverfilmungen, Auswertungen durch Datenbanken und für die Einspeicherung und Verarbeitung in elektronische Systeme. Alle Rechte, auch die des auszugsweisen Nachdrucks, der fotomechanischen Wiedergabe (einschließlich Mikrokopie) sowie der Auswertung durch Datenbanken oder ähnliche Einrichtungen, vorbehalten.

Impressum:

Copyright © 2018 GRIN Verlag
Druck und Bindung: Books on Demand GmbH, Norderstedt Germany
ISBN: 9783668869004

Dieses Buch bei GRIN:

https://www.grin.com/document/453212

Anonym

Die Beratung von Migranten in der Sozialen Arbeit

Welchen Einfluss hat interkulturelle Kompetenz auf den Beratungsprozess?

GRIN Verlag

GRIN - Your knowledge has value

Der GRIN Verlag publiziert seit 1998 wissenschaftliche Arbeiten von Studenten, Hochschullehrern und anderen Akademikern als eBook und gedrucktes Buch. Die Verlagswebsite www.grin.com ist die ideale Plattform zur Veröffentlichung von Hausarbeiten, Abschlussarbeiten, wissenschaftlichen Aufsätzen, Dissertationen und Fachbüchern.

Besuchen Sie uns im Internet:

http://www.grin.com/

http://www.facebook.com/grincom

http://www.twitter.com/grin_com

Evangelische Fachhochschule Bochum

Fachbereich: Soziale Arbeit

Interkulturelle Kompetenz in der Sozialen Arbeit
Schlüsselqualifikation in der Beratung

Bochum, 05.01.2018

Inhaltsverzeichnis

1. Einleitung 3
2. Zur Bedeutung von Kultur für das gegenseitige Verständnis 4
   2.1 Begriffsdefinition von „Kultur" 4
   2.2 Das Kulturverständnis im Kontext professioneller Beratung 5
3. Der Weg zur interkulturellen Kompetenz in der professionellen Beratung 6
   3.1 Interkulturelle Öffnung im Sozialsystem 6
   3.2 Interkulturelles Lernen in der Beratung 6
   3.3 Interkulturelle Kompetenz im Kontext professioneller Beratung 8
4. Störungen der Beratungsbeziehung durch Vorurteile 9
   4.1 Definition 9
   4.2 Auswirkungen auf die Beratungsbeziehung 9
   4.3 Reduzierungsprozess von Vorurteilen 10
5. Schlussfolgerung 11
6. Literaturverzeichnis 13

1. Einleitung

Bereits vor einigen Jahrzehnten wurde deutlich, dass Deutschland sich zu einem Einwanderungsland entwickelt. Die Zuwanderung in Deutschland begann mit der Ankunft der Gastarbeiter in den 1950er- und 1960er-Jahren unter anderem aus Italien, Spanien, Griechenland, der Türkei, Portugal und dem ehemaligen Jugoslawien. Offiziell wurde 2005 mit dem Aufenthaltsgesetz und dem Freizügigkeitsgesetz für EU Bürger eine deutsche Gesetzesgrundlage geschaffen, die unter anderem in den vergangenen Jahren 700.000 Unionsbürger pro Jahr eine Einreise in die Bundesrepublik erlaubt hat. Das bedeutet, dass die deutsche Gesetzgebung eine Zuwanderung aktiv unterstützt, was diesem Land eine unumkehrbare Vielfalt verschiedenster Kulturkreise verleiht. Im Jahr 2014 lebten 16,4 Millionen Menschen mit Migrationshintergrund in Deutschland. Darüber hinaus hat die deutsche Regierung auf humanitäre Krisen vor den Toren Europas reagiert und eine große Anzahl von Flüchtlingen Schutz geboten. 2015 wurden 137.136 und 2016 235.574 Menschen als Flüchtlinge anerkannt. Außerdem wurde 136.119 Menschen ein subsidiärer Schutz zugesagt, da sie bei ihrer Rückkehr von Folter oder einer Todesstrafe bedroht sind.

Gerade in der Sozialen Arbeit, speziell in deutschen Beratungseinrichtungen sind von Kultur geprägte Grenzüberschreitungen und kulturelle Begegnung unumgänglich geworden. Interkulturelle Kompetenz wird auch deshalb in unserer globalisierten Welt als Schlüsselqualifikation bezeichnet. Das wirft die Frage auf, welchen Einfluss die interkulturelle Kompetenz auf den Beratungsprozess hat. Die Frage stellt den Mittelpunkt der Ausarbeitung dar. Das ist wichtig zu verstehen, weil aktuell ein großer Bedarf an professioneller interkultureller Beratung herrscht und geprüft werden muss welche Berater über diese Fähigkeit verfügen.

Auf rechtlicher Basis hat jeder Geflüchtete oder Migrant einen Zugang zu den Beratungseinrichtungen. Doch gerade Migranten, die gewiss einen Informationsbedarf haben, nutzen das Angebot selten (Pavkovic 2007, S. 306). Die Gründe der seltenen Nutzung sollten näher beleuchten werden, damit dieser Effekt für die aktuell Schutzsuchenden ausbleibt. Dafür stellten sich einige Teilfragen: Wie können verschiedene Kulturen grundsätzlich erklärt werden, um ein Bewusstsein für Differenzen und Ähnlichkeiten zwischen den Kulturen zu erhalten? Welche Voraussetzungen müssen erfüllt sein, um Kulturen erfolgreich beraten zu können? Welchen Wert hat dabei ein kulturelles Hintergrundwissen für die Beratungsbeziehung? Welche Bedeutung haben persönliche Erfahrungen mit einer Fremdkultur für die Entwicklung der interkulturellen Kompetenz? Welchen Prozess müssen die gesuchten Mitarbeiter in diesem Bereich der professionellen Beratung durchlaufen haben, um kultursensibel beraten zu können? Wie entstehen Vorurteile und welchen Einfluss haben sie auf die Kommunikation zwischen Klient und Berater? Auch diese Teilfragenfragen sollen hier beachtet werden und bilden eine geordnete Darstellung der folgenden Themen der Hausarbeit.

2. Zur Bedeutung von Kultur für das gegenseitige Verständnis

Um den Wert des interkulturellen Lernens und dessen Kompetenz für den Beratungsprozess zu verstehen, ist die Klärung des Kulturbegriffs notwendig, weil im Kontext professioneller Beratung auch mit unbewussten kulturellen Elementen umgegangen werden muss (Straub 2007, S.7). Gleichzeitig würde eine genaue Definition stets lückenhaft bleiben, da die situativ geprägte Komplexität von Kultur eine vollkommene Begriffserklärung unmöglich macht (Maletzke 1996, S. 15). Dennoch wird eine Übersicht mit den möglichen Elementen des Kulturbegriffs vorgestellt, um eine verbindliche Orientierung für die Ausarbeitung zu geben.

2.1 Begriffsdefinition von „Kultur"

Als Basis wird die Definition der UNESCO aus dem Jahr 1983 zu Grunde gelegt: *„Die Kultur kann in ihrem weitesten Sinne als die Gesamtheit der einzigartigen geistigen, materiellen, intellektuellen und emotionalen Aspekte angesehen werden, die eine Gesellschaft oder eine soziale Gruppe kennzeichnen. Dies schliesst nicht nur Kunst und Literatur ein, sondern auch Lebensformen, die Grundrechte des Menschen, Wertsysteme, Traditionen und Glaubensrichtungen."* (UNESCO 1983, S. 121).

Gerne wird Kultur auch mit der Metapher eines Eisberges beschrieben, wo lediglich die Spitze sichtbar ist, währenddessen sich 90% unbewusst unter der Oberfläche befinden. In diesem Zusammenhang wird von einem *„kollektiven Gedächtnis einer Kultur, als Basis für Verständigung"* gesprochen (Losche; Püttker 2009, S. 82). Hier liegt die Ursache vieler Kollisionen der Kommunikation, weil nur eine involvierte Personengruppe die unbewussten Bestandteile einer Kultur zu kennen und zu verstehen vermag. Darüber hinaus kann Kultur als dynamischer und alltäglicher Prozess beschrieben werden. Er vereinfacht das Zusammenleben in einer bestimmten Personengruppe, die eine gemeinsame Wirklichkeit (Straub 2007, S.15f.), Interpretationsweise, (Mecheril 2007, S.299) sowie die selbige Welt- und Selbstauffassungen verbindet. Der kulturelle Aspekt ist im Kontext mit der jeweiligen Situation zu verstehen (Maletzke 1996, S. 15), nicht aber als unverrückbarer oder angeborener Unterschied zwischen Menschen oder Gruppen. Darüber hinaus strukturiert Kultur das Handeln innerhalb der Personengruppen, wodurch ein Gefühl von Sicherheit entsteht (Straub 2007, S.15ff.). Dieses Gefühl von Sicherheit zu erreichen, sollte auch ein Anspruch der professionellen Beratungsbeziehung sein.

2.2 Das Kulturverständnis im Kontext professioneller Beratung

Anschließend wird die Frage gestellt, wie sich das Kulturverständnis auf den Beratungsprozess auswirken kann. Der erste Schritt liegt in der Wissensvermittlung. Jede an einem interkulturellen Austausch teilnehmende Person muss begreifen, dass sie selbst, eigene kulturelle Standards verinnerlicht hat, die unbekannten Personengruppen befremdlich erscheinen können (Fischer 2006, S. 41). Eine offene Haltung gegenüber diesen Fremdkulturen, in Kombination mit einem Selbst- und Fremdreflexiven Denken führt zu einer Neugierde für dynamische kulturelle Entwicklungen sowie individuelle Interpretationen des eigenen und fremden Kulturverständnisses (Eppenstein 2015, S. 59f.). Mit einem komplexen Kulturbewusstsein lässt sich das gegenseitige Verständnis und die daraus entstehende Verständigung unter vielfältigsten Personengruppen ermöglichen (Mecheril 2007, S. 295ff.). Außerdem bleibt die professionelle Beratung erfolglos, sofern *„ohne lebensweltliche Kenntnisse, ohne Kenntnisse der sozialen Lagen, der Gruppenidentitäten und der subkulturellen Bewältigungsstrategien"* gearbeitet wird (Gaitanides 2007, S. 318). Sollte auf ein kulturelles Wissen innerhalb der Beratung verzichtet werden, ist eine erfolgreiche Beratung nicht möglich (Eppenstein 2015, S. 59f.).

3. Der Weg zur interkulturellen Kompetenz in der professionellen Beratung

In der Einleitung wurde deutlich, dass die Fachkräfte der Sozialen Arbeit mit steigender Vielfalt umgehen sowie offen und kultursensibel handeln müssen. Dabei streben Beratungszentren für Migranten und Flüchtlinge bereits *einen „interkulturellen Öffnungsprozess"* an. Sie haben erkannt, dass professionelle Beratung möglichen Konflikten präventiv entgegenwirken und eine Brücke zwischen den Kulturen errichten kann, weil Unklarheiten und Wünsche erkannt sowie angesprochen werden können. Um dieser Notwendigkeit näher zu kommen, wird die Bedeutung der interkulturellen Kompetenz beschrieben.

3.1 Interkulturelle Öffnung im Sozialsystem

Interkulturelle Öffnung wird als Prozess verstanden, der von institutioneller Ebene gesteuert wird. Dieser Prozess soll bestehende Angebote, Konzepte, und Rahmenbedingungen kritisch hinterfragen oder anpassen, sodass *„alle Menschen, unabhängig von ihrer ethnischen-kulturellen Orientierung und Herkunft soziale Einrichtungen in Anspruch nehmen können"* (Zacharaki 2006, S. 8f.). Die Öffnung gilt als Voraussetzung für die Soziale Arbeit, um den neuen Anforderungen des gesellschaftlichen Wandels gerecht werden zu können. Auf diesem Weg beginnt interkulturelles Lernen.

3.2 Interkulturelles Lernen in der Beratung

Interkulturelles Lernen wird als lebenslanger persönlicher Lernprozess verstanden und verbindet biografisches-, soziales- und global-politisches Lernen, sowie das Erlernen hilfsbereiten Handelns (Freise 2007, S.147f.). Im ersten Schritt muss die Notwendigkeit der Kompetenz erkannt werden. Das steigert das Interesse an den erforderlichen persönlichen Erfahrungen, wo Widerstände unter dem Gefühl der kulturellen Fremdheit bewältigt werden können (Gaitanide 2007, S. 317). Die langfristige Kooperation mit Fremdkulturen setzt eine ehrliche Selbst- und Fremdreflexion voraus, sodass eine gegenseitige Wertschätzung entstehen kann (Zacharaki 2007a, S. 19). Das Ziel wird mit dem Begriff der „Integration" beschrieben, wo interkulturelle Kompetenz entwickelt sowie Kommunikationsprobleme angesprochen und überwunden werden (Freise 2007, S. 24).

Hoopes (1981) versteht diesen Prozess in sechs Stufen:
1. Ethnozentrismus
2. Aufmerksamkeit für andere kulturelle Systeme
3. Verstehen – Anerkennung dieser kulturellen Systeme
4. Akzeptanz ohne Wertung
5. Wertschätzung Stärken und Schwächen beider Kulturen
6. Selektive Aneignung von Merkmalen der anderen Kultur

Der Lernprozess startet durch die Auseinandersetzung mit der eigenen Kultur, indem sie nicht als *„unverbesserlich und vollkommen"* (Ethnozentrismus) angesehen wird. Die Beratungsbeziehung wird negativ beeinflusst, wenn einer der Gesprächsteilnehmer dem Ethnozentrismus unterliegt. Das Ziel sollte in der gegenseitigen wertfreien Akzeptanz liegen (Hoopes 1981, S.9-38; zitiert in Zacharaki 2007a, S.15f.).

Dadurch wird deutlich, dass die professionelle Beratung einen kooperativen Prozess vor sich hat, um kultursensibel beraten zu können. Fremdsprachenkenntnisse, die Entwicklung sozialer Kompetenzen oder die Wissensvermittlung von kulturellen Hintergrundinformationen müssen für Klienten und Berater gefördert werden, sodass die interkulturelle Kompetenz ausgebaut werden kann (Weidemann 2011, S.494). Anschließend kann die Frage gestellt werden, was mit interkultureller Kompetenz im Kontext professioneller Beratung ausgedrückt wird.

3.3 Interkulturelle Kompetenz im Kontext professioneller Beratung

Die interkulturelle Kompetenz stellt eine berufliche Schlüsselqualifikation in der interkulturellen Beratung dar. Interkulturell kompetente Personen stellen, im Kontext professioneller Beratung, wesentliche Fragen und entwickeln in einem ehrlichen Austausch neue Handlungsoptionen. Das geschieht immer unter Berücksichtigung der Kulturmerkmale und der aktuellen Lebenslage des Klienten (Zacharaki 2007a, S. 19ff.).

Die Anforderungen lassen sich grob in „*kognitive Kompetenzen und interkulturelle Handlungskompetenzen*" aufgliedern (Gaitanides 2007, S. 317):

kognitive Kompetenzen	Interkulturelle Handlungskompetenzen
• Kulturelles Hintergrundwissen	• Empathie
• Funktionsstruktur der Migration	• Authentizität
• Informationen über Entstehung von Vorurteilen und Rassismus	• Konsensfähigkeiten
	• Ambiguitätstoleranz
• Wissen zur Situation von Einwanderern und Flüchtlingen	• Selbst- und Fremdreflexion
	• Kommunikative Kompetenz

Der Unterschied zu einer nicht-kulturellen Beratung liegt darin, dass die Kommunikation zwischen zwei Fremdkulturen stattfindet und im Beratungsprozess, die kulturellen Unterschiede, die Beratungsbeziehung beeinflussen (Heimannsberg 2000, S. 70f.). Das heißt, dass eine interkulturelle Beratung erst entsteht, wenn die Themen Migration und Kultur thematisiert werden müssen, da sie für das aktuelle Thema und den Beratungserfolg von Bedeutung sind (Mecheril 2004, S. 374). Das kann man auch daran erkennen, dass Einflüsse wie das Alter, geschlechtliche Rollenunterschiede, Lebenserfahrung oder das gegenseitige Bildungsniveau ebenso im Beratungsprozess eine Rolle spielen. Daraus schließt sich, dass nicht jede Differenz einen kulturellen Ursprung hat. In der interkulturellen Beratung wird folgerichtig darauf geachtet, ob kulturelle Differenzen überhaupt thematisiert werden müssen (Heimannsberg 2000, S. 70f.).

Mit einer ausgeprägten interkulturellen Kompetenz können andere Kulturen wertfrei akzeptiert und unausweichliche Sprachschwierigkeiten, mangelhafte kulturelle Hintergrundinformationen, Vieldeutigkeit und kulturelle Widersprüche überwunden werden. Unter diesen Voraussetzungen kann eine sichere Beratungsbeziehung aufgebaut werden (Gaitanides 2007, S. 316f.). Ein weiterer Nutzen entsteht durch die Verringerung von Vorurteile und Fehlinterpretationen sowie der Vermeidung von fehlgeleiteten Intervention (Leenen/Groß/Grosch 2008, S. 101ff.).

4. Störungen der Beratungsbeziehung durch Vorurteile

Von den Einrichtungen der interkulturellen Beratung wird eine vorurteilsfreie Haltung gegenüber ihrer heterogenen Zielgruppe erwartet. Jedoch wurde schon im vorangegangenen Kapitel angedeutet, dass Vorurteile lediglich verringert, jedoch nicht vermieden werden können. Zur Darstellung der Notwenigkeit wird im folgenden Kapitel auf mögliche Folgen von vorurteilsbehafteten Beratungsbeziehungen eingegangen.

4.1 Definition

Vorurteile sind die Folge eines Prozesses. Sie können eine negative oder positive Eigenschaft tragen. Allerdings werden Vorurteile oft nur als negative Bewertung und Gefühlsentwicklung gegen eine fremde Gruppe definiert, die negative Auswirkungen auf die Kommunikation zwischen den Kulturen begünstigen können. Dabei bleiben die positiven Vorurteile gegenüber Personen des eigenen Kulturstandards im Unterbewusstsein. Vorurteile beginnen oft, wenn kulturelle Verhaltensstandards der eigenen Kultur, von einer Fremdkultur nicht gespiegelt werden (Jonas; Schmid Mast 2007, S. 69ff.). Die unbewusst beginnende kollektive Kategorisierung, wo emotionale, kognitive und verhaltensbezogene Elemente zugeordnet sind, dient aus psychologischer Sicht zur schnellen Verarbeitung der vielfältigen und globalisierten Umwelt. Ein großer Einflussfaktor liegt in der Streuung dieser Kategorisierungen, die stets auf Basis der eigenen Kultur entstehen. Medien, Lehrkräfte, Eltern und Gleichaltrige fördern diese Verbreitung, wodurch ein sozialer Druck entsteht, den entstandenen Merkmalen für eine Fremdkultur zu folgen (Zick; Küpper 2011, S. 54ff.).

4.2 Auswirkungen auf die Beratungsbeziehung

Eine von Vorurteilen geprägte ethnozentrische Haltung, wirkt sich auf die Handlungen und die Kommunikationsweisen des Beraters und somit auch auf die Beratungsbeziehung aus. Der Klient könnte seine für ihn selbstverständlichen Kulturelemente, als wertend und missachtet empfinden. So verliert der Klient große Sicherheit, weil er sich nicht mehr auf bekannte Erfahrungen verlassen kann. Er ist unsicher, was er handeln, denken oder fühlen soll, da die Prozesse ansonsten immer unbewusst abgelaufen sind (Maletzke 1996, S. 23ff.). Dabei ist in interkulturellen Konversationen das Beziehungsohr sehr stark ausgeprägt, sofern sich die Beteiligten, neu orientieren müssen, sich in einer Situation der Abhängigkeit befinden oder sich einer Minderheit zugeordnet fühlen (Zacharaki 2007b, S. 107ff.). Die Notwenigkeit kultursensibler, somit wertfreier und vorurteilsreduzierter Interaktion erschließt sich mit dem interkulturellen Konzept von Auernheimer (2002), der darlegt, dass die entscheidende Störquelle eindeutig auf die Beziehungsebene zurückzuführen ist (Auernheimer 2002, S.183ff.). Außerdem hat sich die Beratungsbeziehung als das entscheidende Element für einen erfolgreichen Beratungsprozess erwiesen (Nestmann 2004, S.791). Aus diesem Grund sollte die klassischen Normen einer „hilfreichen" Beratungsbeziehung erinnert werden, sodass mit Authentizität, Akzeptanz, Empathie und Wärme eine sichere Beziehung aufgebaut werden kann (Rogers 2012, S. 47).

4.3 Reduzierungsprozess von Vorurteilen

Wer persönliche Erfahrungen mit Fremdkulturen eingeht, hat die Chance positive oder negative Erkenntnisse zu sammeln. Auf jeden Fall werden die Mitglieder dieser Fremdkultur nicht als einheitliche Gesamtheit erlebt, sondern als von Individuen geprägte dynamische Personengruppe (Zick; Küpper 2011, S. 61ff.). Dabei werden wahrscheinlich Gemeinsamkeiten zur eigenen Kultur sichtbar. Bewertungen von Mitgliedern der Fremdgruppe basieren nicht mehr ausschließlich auf u.a. den Medien oder der elterlichen Erziehung, sondern auf realistischen eigenen Erfahrungen. Mit diesem Weg verlieren Fremdkulturen ihren bedrohlichen Charakter, der als entscheidender Auslöser für die Bildung von Vorurteilen gilt (Zick; Küpper 2011, S. 61ff.). Kultursensibel zu beraten bedeutet also sich den eigenen Vorurteilen und dessen Quelle bewusst zu werden. Der Reduzierungsprozess von Vorurteilen geschieht somit durch kognitive Wissensaneignung und mit der Reflexion von Selbsterfahrungen (Gaitanides 2007, S.318).

5. Schlussfolgerung

Die Ausarbeitung signalisierte, dass sich interkulturelle Beratung entwickelt, wo die Themen „Migration" und „Kultur" im Gespräch thematisiert werden müssen. Dem gehen das Feingefühl und die Erfahrung voraus, die Notwendigkeit dessen zu erkennen. Darauf aufbauend bilden kognitive und interkulturelle Handlungskompetenzen die Voraussetzungen für eine ausgeprägte interkulturelle Beratungskompetenz. Sie werden vor allem durch eigene Erfahrungen im Umgang mit der Fremdkultur gefördert. Soziale Kompetenzen und kulturelles Hintergrundwissen allein reichen für die erfolgreiche professionelle Beratung mit Fremdkulturen nicht aus. Ergänzt durch die Merkmale der interkulturellen Kompetenz, beispielsweise von grundlegenden Fremdsprachenkenntnissen und den persönlichen reflektierten Erfahrungen mit der Fremdkultur kann eine erfolgreiche Beratung gelingen. Das aus persönlichen Erfahrungen gezogene Einfühlungsvermögen kann in der interkulturellen Beratung einen wesentlichen Einfluss auf die Beratungsbeziehung haben, die den Beratungserfolg stark beeinflusst.

Bis zur Erlangung einer ausreichend ausgeprägten interkulturellen Kompetenz, wo die andere Kultur zumindest wertfrei akzeptiert wird, ist ein langer Prozess von Nöten, den die künftigen Mitarbeiter in den Beratungseinrichtungen und Führungsebenen zurücklegen müssen. Der Lernprozess, hin zu einem wertschätzenden Umgang und der selektiven Übernahme einzelner Merkmale von Fremdkulturen, wird sogar als lebenslang beschrieben. Der individuelle Kulturbegriff einer jeden Person ist folglich wertzuschätzen und muss als sich fortlaufender Prozess wahrgenommen werden. Dieses Verständnis führt gleichzeitig dazu, dass der eigene Kulturbegriff grundlegend reflektiert werden muss, wofür das eigene Selbstverständnis der Kultur aufgebrochen werden muss. Gerade auf persönlicher Ebene spielt die Reflexion der eigenen Herkunft und damit der eigenen Kultur eine große Rolle.

Außerdem wurde deutlich, dass Vorurteile unausweichliche Bestandteile unserer Umwelt sind, weil sie ein natürliches und menschliches Verhalten für die Orientierung und Sicherheitsfindung darstellen. Vorurteile sollten deshalb auch zugeben und im besten Fall durch eigene Erfahrungen aufgelöst werden. Eine von Vorurteilen behaftete Kommunikation würde die Beziehung zwischen Klient und Berater verletzen und damit eine erfolgreiche Beratung unmöglich machen.

Ich bin der Überzeugung, dass der umfassende interkulturelle Lernprozess, sowohl in den Beratungseinrichtungen, als auch in jeglichen Sozialisationsinstanzen gefördert werden sollte. Durch die flächendeckende Förderung der interkulturellen Aufklärung würde die Beziehung zu fremden Kulturen verbessert, indem Angst und Unverständnis, durch Wissen und persönliche reflektierte Erfahrungen abgebaut wird. Schließlich wurde die Bedeutung der interkulturellen Kompetenz und seiner Bestandteile für den erfolgreichen Beratungsprozess deutlich herausgestellt.

Abschließend sollte betont werden, dass Fremdkulturen ein Teil der deutschen Bevölkerung sind und bleiben werden. In den nächsten Jahren wird das Thema der Integration keinesfalls abbrechen, weshalb ein gemeinsames Miteinander im interkulturellkompetenten Kontext unausweichlich zu sein scheint. Das muss ein jeder Teil dieser Bevölkerung für sich begreifen und in einem erweiterten Bewusstsein auf sein fremdes Gegenüber zugehen. Mit diesem Weg können wir unsere Kultur bereichern.

6. Literaturverzeichnis

AUERNHEIMER, Georg (2002): interkulturelle Kompetenz. Ein neues Element pädagogischer Professionalität? In: AUERNHEIMER, Georg (Hrsg.): Interkulturelle Kompetenz und pädagogische Professionalität, Wiesbaden, S. 183-205.

EPPENSTEIN, Thomas (2015): Interkulturelle Kompetenz. Zugänge für eine kultursensible Soziale Arbeit. In: ZACHARAKI, Ioanna / EPPENSTEIN, Thomas / KRUMMACHER, Michael (Hrsg.): Interkulturelle Kompetenz. Handbuch für soziale und pädagogische Berufe. Schwalbach/Ts: Wochenschau-Verlag, S. 35-66.

FISCHER, Veronika (2006): Interkulturelle Kompetenz – ein neues Anforderungsprofil für die pädagogische Profession. In: Fischer, VERONIKA / SPRINGER, Monika / ZACHARAKI, Ioanna (Hrsg.): Interkulturelle Kompetenz :Fortbildung - Transfer – Organisationsentwicklung. Schwalbach/Ts., S. 33-47.

FREISE, Josef (2007): Interkulturelle Soziale Arbeit. Theoretische Grundlagen, Handlungsansätze, Übungen zum Erwerb interkultureller Kompetenz Schwalbach/Ts: Wochenschau Verlag, S. 24.

GAITANIDES, Stefan (2007): Interkulturelle Kompetenzen in der Beratung. In: NESTMANN, Frank / ENGEL, Frank / SICKENDIEK, Ursel (Hrsg.): Das Handbuch der Beratung, Band 1: Disziplinen und Zugänge, Tübingen: dgvt-Verlag, S. 313-325.

GÖTTSCHE, Florian / BRÜCKNER, Gunter. (2011): Gesundheit, Einstellungen und Verhalten, In: Statistisches Bundesamt (Hrsg.): Datenreport 2011. Bonn, S. 218ff. https://www.bpb.de/politik/innenpolitik/flucht/218788/zahlen-zu-asyl-in-deutschland - aufgerufen: 16.12.2016.

JONAS, Klaus / SCHMID MAST, Marianne (2007): Stereotyp und Vorurteil. In: STRAUB, Jürgen et al. (Hrsg.): Handbuch interkulturelle Kommunikation und Kompetenz. Grundbegriffe – Theorien – Anwendungsfelder. Stuttgart, Weimar. S. 69-75.

LEENEN, Wolf Rainer / GROSS, Andreas/ GROSCH, Harald (2008): Interkulturelle Kompetenz in der sozialen Arbeit. In: Auernheimer, Georg (Hrsg.): Interkulturelle Kompetenz und pädagogische Professionalität. Wiesbaden: Springer VS, S. 101-125.

LOSCHE, Helga / PÜTTKER, Stephanie (2009): Interkulturelle Kommunikation: Theoretische Einführung und Sammlung praktischer Interaktionsübungen. Augsburg: ZIEL Verlag, S. 82.

MALETZKE, Gerhard (1996): Interkulturelle Kommunikation. Zur Interaktion zwischen Menschen verschiedener Kulturen. Opladen. VS Verlag. S. 15-26.

MECHERIL, Paul (2004): Beratung in der Migrationsgesellschaft. In: TREICHLER, Andreas/ CYRUS, Norbert (Hrsg.): Handbuch soziale Arbeit in der Einwanderungsgesellschaft, Frankfurt am Main: Brandes & Apsel, S. 371-387.

MECHERIL, Paul (2007): Beratung: Interkulturell. In: NESTMANN, Frank; ENGEL, Frank; SICKENDIEK, Ursel (Hrsg.): Das Handbuch der Beratung, Band 1: Disziplinen und Zugänge. Tübingen: dgvt-Verlag, S. 295-304.

NESTMANN, Frank (2004): Beratungsmethoden und Beratungsbeziehung. In: NESTMANN, Frank / ENGEL, Frank / SICKENDIEK, Ursel (Hrsg.): Das Handbuch der Beratung, Band 2: Disziplinen und Zugänge. Tübingen: dgvt-Verlag , S. 791-795.

PAVKOVIC, Gari (2007): Beratung für Migranten. In: NESTMANN, Frank / ENGEL, Frank / SICKENDIEK, Ursel (Hrsg.): Das Handbuch der Beratung, Band 1: Disziplinen und Zugänge, Tübingen: dgvt-Verlag, S. 306.

ROGERS, Carl. (2012): Entwicklung der Persönlichkeit. Psychotherapie aus Sicht eines Therapeuten. Stuttgart: Klett, S. 47.

STRAUB, Jürgen (2007): Kultur. In: STRAUB, Jürgen / WEIDEMANN, Arne / WEIDEMANN, Doris (Hrsg.): Handbuch interkulturelle Kommunikation und Kompetenz. Grundbegriffe - Theorien - Anwendungsfelder. Stuttgart, Weimar: Metzler, S. 7-15.

UENESCO (1983): Weltkonferenz über Kulturpolitik. Schlussbericht der von der UNESCO (Hrsg.): Deutsche UNESCO-Kommission. Konferenzbericht, Nr. 5 München, S. 121. http://www.unesco.de/infothek/dokumente/konferenzbeschluesse/erklaerung-von-mexiko.html - aufgerufen: 05.12.2016.

WEIDEMANN, Doris (2007): Akkulturation und interkulturelles Lernen. In: STRAUB, Jürgen / WEIDEMANN, Arne / WEIDEMANN, Doris (Hrsg.): Handbuch interkulturelle Kommunikation und Kompetenz. Grundbegriffe - Theorien - Anwendungsfelder. Stuttgart, Weimar: Metzler, S. 489-504.

ZACHARAKI, Ioanna (2006): Die interkulturelle Herausforderung – was meint, will und soll die Rede von der „interkulturellen Öffnung"? In: FACH, Christine / ZACHARAKI, Ioanna / HAFEZI, Walid (Hrsg.): Interkulturelle Kompetenz – Methoden und Module einer Fortbildungsreihe für Mitarbeiterinnnen und Mitarbeiter der U-25-Teams der Arbeitsgemeinschaft (ARGE). Köln: RAA, S. 8-11.

ZACHARAKI, Ioanna (2007a): Interkulturelle Kompetenz als Bildungsaufgabe im System sozialer Hilfen . In: ZACHARAKI, Ioanna / EPPENSTEIN, Thomas / KRUMMACHER, Michael (Hrsg.): Praxishandbuch Interkulturelle Kompetenz - vermitteln, vertiefen, umsetzen. Schwalbach/Ts: Wochenschau-Verlag. S.15-28.

ZACHARAKI, Ioanna (2007b): Kommunikation in der Einwanderungsgesellschaft. In: ZACHARAKI, Ioanna / EPPENSTEIN, Thomas / KRUMMACHER, Michael (Hrsg.): Praxishandbuch Interkulturelle Kompetenz -vermitteln, vertiefen, umsetzen. Schwalbach/Ts: Wochenschau-Verlag. S.107-118.

ZICK A, KÜPPER B (2010): Vorurteile und Toleranz von Vielfalt – von den Fallen alltäglicher Wahrnehmung. In: Diversity – transkulturelle Kompetenz in klinischen und sozialen Handlungsfeldern. VAN KEUK, Eva / GHADERI, Cinur / JOKSIMOVIC, Ljiljana / DAVID, Dagmar (Hrsg.): Stuttgart: Kohlhammer: S. 54-65.

BEI GRIN MACHT SICH IHR WISSEN BEZAHLT

- Wir veröffentlichen Ihre Hausarbeit, Bachelor- und Masterarbeit

- Ihr eigenes eBook und Buch - weltweit in allen wichtigen Shops

- Verdienen Sie an jedem Verkauf

Jetzt bei www.GRIN.com hochladen und kostenlos publizieren